AF212365

Como un buzo en medio del desierto

Como un buzo en medio del desierto

Jorge Fernández Gonzalo

UNIVERSITAT DE VALÈNCIA

Un jurado compuesto por Xelo Candel Vila, como presidenta, Pedro Flores, Antonio Praena y Rafael Fombellida, actuando como secretaria Ana M.ª Chillarón Huélamo, concedió a la presente obra el galardón correspondiente al XXII Premio César Simón de poesía, organizado y patrocinado por la Universitat de València, con la colaboración del Ayuntamiento de Villar del Arzobispo y PUV.

Publicacions de la Universitat de València
http://puv.uv.es
publicacions@uv.es

Coordinación editorial: Xelo Candel Vila

Diseño de la cubierta: Publicacions de la Universitat de València
Maquetación: Iván Martínez

ISBN: 978-84-9133-859-8
Depósito legal: V-831-2026

Impresión: 315 Gramos

Jorge Fernández Gonzalo

LIBRO PRIMERO

UNA CONFESIÓN

DESCONCIERTO

Lo confieso: me asombra cada cosa
que deja huella o signo,
todo lo que hace hueco, piel, gramática,
como el ave que horada el firmamento,
toca la luz, la fija, la humedece
en su trasiego siempre fugitivo
y culmina tornándose poema,
entreverándose en mis pensamientos.

Es esto lo que busco. No más nada.
A la verdad el ojo se acostumbra
pero nunca al hallazgo.

Por ello busco, indago, fisgoneo
la realidad y sus derivaciones
—me refiero a tus manos, pero también al modo
en que invento en tu piel caligrafías—
y trato de encontrar en cada cosa un ritmo
como quien mira al dorso de las piedras
en busca de monedas y tesoros.

Cualquier cosa me vale: cardos, nubes,
el arrebol del día que atardece
o las pisadas sucias por la calle;
todo reclama un nombre,
la espesura del canto,
y aunque yo me resisto (ante el asombro

todo verso es indicio de torpeza),
no consigo evitar hacer de lo que veo
una extensión de mí,
maneras del contagio y del enigma,
por mucho que no entienda lo que digo
o no alcance a sentir lo que he anotado.

Porque al poeta, en fin, le corresponde
hacer del desconcierto su bandera.

LIBRO SEGUNDO

EL ASOMBRO Y LOS PÁJAROS

El llamado

Que se suceda el mundo es suficiente
—o debería serlo—
para que todo halle al fin sentido.

La lagartija corre por la piedra.
Los gorriones dejan
instantes repetidos de su vuelo
y el aire da certeza,
melodía y contorno
a las ramas del álamo en la orilla.

Todo tiene su ser.
Persiste. Te rodea. Te reclama.

Hemos sido llamados a la vida.

ALBADA

Sucede cada día: es un milagro.
La luz llega de súbito
a través de las hojas de los cedros,
entre los edificios y las nubes
o las alas del mirlo

y de repente desembarca en ti,
ilumina tus hombros o tu pelo,
te acaricia, salvajemente tuya,
y apenas nos da tiempo a celebrarlo.

La vida es estas cosas.
Hay en ella más de lo que somos.
Más de lo que tentamos,
sin otra lucidez, sin más cifra o lenguaje
que tu cuerpo rozado por el alba.

IRISACIONES

Una trucha refleja
la belleza del día
en su lomo irisado como constelaciones.

Dejad que lo sencillo me contagie.
La tarde es infinita
en su salto fugaz.

El tiempo cabe aquí. Y es suficiente.

CANTO DEL HABITADO

La intimidad del mundo
como un vuelo de tórtola
me aletea por dentro; el pulso claro
de la brisa de abril,
el trasiego de insectos, la rutina
con que la luz convoca los contornos
y perdona a la espuma,
o las flores rosadas del almendro
y el ánade, y la carpa, y el gorrión exhausto
me habitan, hallan residencia
con su callado oxígeno en mi centro,
logran enmudecerme en su pureza.

Toda verdad es imprevista.
Toda verdad es bosque,
germinación, latido,
espesura del alba que hago mía,
y así el día se abisma en mis entrañas,
hace casa y hogar en mis pulmones,
océanos cerrados en mi cuerpo,
pues no tengo más voz
que el sonido del viento,
no más muros, obstáculos, confines
que mi piel ofrecida,
mi lento respirar en la concordia.

El mundo se halla en mí. Se torna unánime.
No hay fronteras o piel que lo limite
y todo es un naufragio
del paisaje en mis venas,
del cielo en el temblor de un pensamiento,
de la luz ya tejida
por mis concavidades,
porque estamos aquí, tocándonos, sintiéndonos
la realidad y yo,
los pájaros y el nudo de mi ser.

Mi cuerpo y el espacio, de este modo,
no pueden evitar el repetirse.

Sin embargo, las cosas
también reclaman signos,
la impostura del verbo y las gramáticas,
los lentos arenales
con los que las palabras van cubriéndolo todo.

El mundo está empapado de lenguaje
y sus letras son piel, retorno ensimismado,
meditación del alba de sí misma
que me expulsa en un juego de incertezas,
como cuando intentamos desentrañar un mapa
después de haber creído
que no existían mapas en el juego.

HUECOS

La poesía era contemplar
al borde de uno mismo
el hueco de los pájaros.

LA FLOR DEL JARAMAGO

Me afané, testarudo,
en cultivar el arte del fracaso.

Supe perfeccionarlo en cada gesto.
Escribir cada una de las huellas
que me llevaban a mi soledad.

Pero nació mi hijo.
Llegó como una lluvia de libélulas
y desterró los signos del naufragio.

Doy la mano a mi hijo o él me la da a mí.
Me conduce a la vida,
a sus sueños de alondras
con que cicatrizar la inexistencia.

Hoy, en mitad de un parque,
vimos que habían brotado flores amarillas.

La piedra del dolor
es abono de qué felicidad
confundida en la flor de jaramago.

TELARAÑAS

No sé si veo el cielo y su noche estrellada
a través del poema o de mis ojos.

Toda palabra es una telaraña,
la deuda contraída
con la piel del paisaje, que me cobra intereses,
que especula con mi fascinación.

Sentir está manchado de palabras.

¿Habrá algún modo de callar en verso,
un silencio escondido,
su música secreta
en el centro del canto?

FABULACIÓN

—Papá, ¿cuánto falta para comer?
—Dos horas y media.
—¿Y cuál de esas dos horas tiene la «y media»?

Mi hijo y yo hablábamos
un idioma invisible.

Con los años,
dejé de comprender cómo funciona el tiempo
y no me veo capaz de entenderlo algún día.
La vida ya no es un columpio que baja
y sube de repente, como buscando a tientas
un pedazo de nube al que aferrarse.

Ahora la vida avanza
al ritmo de tus pasos,
crece como te crecen
las palabras, la risa,
los dientes, los secretos.

Ya no comprendo nada
aunque sé que jamás olvidaremos
ese idioma invisible
con el que fabulábamos el tiempo.

BANDADAS DE ESTORNINOS

Veo surcando el cielo
bandadas de estorninos que salpican
los pliegues de la tarde.

Pasan secretamente.
No importa lo que hagamos los humanos
en este desvarío que llamamos ciudad.

Ellos garabatean en las nubes
sus arcanos idiomas
y se marchan tal cual como llegaron:
la misma algarabía y confusión.

No saben lo que dejan tras su paso.
Que me quedo pensando en cuántas veces
observé indiferente su trayecto
hasta hoy. Cuántas veces
los años se escurrieron de mis manos,
cuántas veces amé, sufrí, lloré
con ellos allá arriba
sin prestarme atención, indiferentes.

Ha pasado una nube de estorninos.
Han pasado con ellos mis recuerdos
y mi melancolía.

Ha pasado la vida.
                    Siempre pasa.

SÍNDROME DEL IMPOSTOR

El placer clandestino
de recorrer las calles esta noche de julio
me abre los pulmones,
me da como certeza, convicción,
afianza mis pasos. Y hay hallazgo,
verdad de lo concreto,
porque ahí donde hay sombras hay instinto,
donde hay oscuridad nace lo puro,
no tiznado de luz,
y por eso deambulo y escudriño las calles,
finjo ser quien habita
cada casa,
espiando a través de sus ventanas,
tomándoles prestados los zapatos,
viendo lo que ellos ven en sus televisores,
acudiendo a sus puestos de trabajo, a los bares,
recorriendo sus barrios preferidos;
yo soy un impostor –la noche lo permite.
Me camuflo. Y ya no estoy en mí.
Vivo sus vidas fútiles y aciagas,
y no hay recuerdo ya sino honda cosecha,
hurto, rapacidades,
dejar de ser yo mismo para ser en sus cuerpos,
sin lastre, sin pasado,
tan solo este desfalco de existencias ajenas.

Con el paso del tiempo me pregunto
qué frutos me habrá dado la nostalgia.

CARAVANA

Un atasco en medio de la nada.
Y afuera, entre las matas de lavanda,
el piar clandestino de los mirlos
que desafían a los cláxones.

ARTE POÉTICA

Mi hijo
se ha pasado la tarde haciéndome cosquillas
mientras trataba de leer un libro.

Conoce el punto débil de su padre
—información que omito en mi defensa—
y a pesar de sus solo cinco años
casi puede conmigo.

Yo replico
que así cómo va uno a escribir un poema
con esta risa floja y tanto forcejeo,
y él propone que escriba de estas cosas:
del pasmo repentino tras quedarse indefenso
ante unas cosquillas, y su música
que hace certero el mundo,
que hace real la vida.

Confieso haber dudado unos segundos
antes de componer este poema.

Cuánto instante dejamos, sin quererlo,
anclado en la vereda de los días
tercamente abocado a no existir.

SOBRE EL IDIOMA DE LOS LIRIOS

Sospecho que mi nombre no me pertenece
como tampoco pertenecen a los ciervos
sus sílabas agrestes,
y sospecho que existe un silencio oscuro
que debemos hallar,
que las cosas no saben de gramáticas,
que sobran diccionarios,
que al señalar el mundo le damos un sentido
sagrado, genuino.

Cómo hemos manchado de deseo
aquello que nombramos,
porque todo nombrar es un desbordamiento,
por eso hay que llenar
el cielo con el nombre de los ánades
y decirlo en el pulso de su vuelo.

Por qué escribir, entonces,
si no sabrías traducir tus versos
al idioma secreto de los lirios.

Libro tercero

De la literatura y sus venenos

A RÁFAGAS

La vida llega a ráfagas
y cada amor es culmen de unas huellas,
pedazos indecisos
que nos van conformando.

Pero también hay restos que no cuajan.
Migajas que arrancamos,
despojos que perdemos de camino.

De cada gesto quedan
fantasmas olvidados
que dejaron su rastro en los escombros.

De cada beso, de cada caricia,
mil amagos fugaces
se volvieron alondras sucesivas.

¿Fue el dolor necesario
para llegar hasta quien somos?

¿Y a qué lugar nos lleva la poesía?

Camino por las calles
y susurro muy quedo
conversaciones inventadas.

Hablo con los amigos de la infancia,
quizás con familiares, con una antigua novia,
compañeros de juerga, filósofos, poetas
de épocas pasadas

y charlamos de cómo nos va todo,
de los hijos, del curro,
de cómo concluir endecasílabos
o de problemas varios de la vida
hasta que alguien me pilla murmurando
y simulo atender una llamada.

Ya lo dijo Machado (o alguna cosa parecida):
quien habla solo espera
que su móvil de última
generación
muestre publicidad a su medida.

TEORÍA DEL DOLOR

Wittgenstein, el filósofo,
se preguntaba por qué el dolor requiere
de un portador que deba padecerlo.

Imagina una herida
que pudiera entregarse,
un calvario hecho álamo, ventisca,
pedregal, arroyuelo,
y que el dolor lograra escabullirse
entre el blanco cimbreo de las gotas
de lluvia que golpean tu ventana.

Un dolor hecho verbo,
palabra encarnecida.
Una herida tornándose poema.

ES GATO Y ARAÑA

¿Cuál es el animal que es dos animales a la vez?
Adivinanza infantil

Aquel gato que intenta
encaramarse al muro entre las buganvillas
y que tropieza y vuelve a las andadas,
¿no me ofrece un buen símil de mis versos?

Que las palabras traten
de aferrarse a lo que significan
pero que no lo logren,
que pretendan, ingenuas, asir las superficies,
acariciar la piel de la materia
sin llegar a alcanzarla, y que prosigan
una vez, y otra vez, con su tarea,
porque el gato no es siempre solo un gato
y las palabras son también rasguños.

VERSOS CASMOFÍTICOS

Hay poemas que no sé lo que dicen.

Me salieron así, como tumores
que extirpamos con nulas garantías
de que el paciente vuelva a caminar.

Poemas que escribí sin entenderlos,
fieles a los dictados de las musas,
pero que ―por extraño que parezca―
lograron entenderme ellos a mí.

Poemas enigmáticos
que hacen malabares con el verbo,
llevan nombres de plantas
o sintaxis de pájaros y vocablos inhóspitos
con que colmar el verso de belleza.

La vida, sin embargo,
se me desliza igual de incomprensible
de las manos, igual de misteriosa,
creciendo inesperada entre las grietas

como vegetaciones *casmofíticas*.

FOTOGRAFÍAS REVERTIDAS

Mirar fotografías —en papel—
como quien ve recuerdos que nunca fueron suyos
y pensar que es posible
hacer dos agujeros por detrás
y al colocar el rostro tras de ellos
ver la vida de espaldas,
voltear los recuerdos
hasta llegar a entonces, a ese día,
en el segundo exacto de la foto
y no pestañear.
                              Ser conducidos
a ese instante en que todo
estaba por sentir, sin estrenarse,
y que la juventud se recomience
después de su añoranza.

PARAPENTE

Vivir es una gran caída
y cada cual lo lleva como puede.

Los hay que se resbalan lentamente,
demorándose en cada recoveco,
aferrándose al borde de una nube
aunque al final se estampen como todos,

y luego están los grises. Caen a plomo.
Gente a quienes las tardes son llanuras.
Los que no leen un libro
o no han bebido el vino de otros labios,
o peor aún, aquellos
que lo hicieron y lo desperdiciaron.

Para algunos, no obstante,
la caída atenúa su tragedia
al leerla en un cuerpo o un poema.
Las palabras nos dan
esa ilusión de pájaros
con que sobreponernos al descenso.

Y luego están tus besos.
Besarte —si me permiten la metáfora
por lo demás ingenua, lo confieso—
no me libra del tiempo, pero al menos
es como descenderlo en parapente.

ANDAMIAJES

La ermita de mi pueblo
guardaba algunos frescos escondidos
detrás de una escayola
hasta que esta empezó a resquebrajarse.

Cuando mi padre y yo lo descubrimos
pensamos que tendría algún valor,
y aunque nos explicaron que los pintó un vecino
sin formación artística
para nosotros eran importantes:
guardaban un secreto, y eso basta.

Por eso, cuando escribo,
me gusta que se vea el andamiaje.
Que los versos no encajen, que haya algo imperfecto.
Que se note el desgaste entre palabras,
el óxido del ritmo,
las heridas de un cuerpo
que, detrás de las cosas, sin importancia alguna,

me recuerde quién soy.
De dónde vengo.

CHEQUE EN BLANCO

Qué será de este poema cuando yo ya no esté
y su armonía embriague nuevos labios.
Poco habrá de importarnos, si lo piensas.
Yo ya no sé si estoy en este verso,
si queda algo de mí en lo que escribo,
o si tan solo extiendo un cheque en blanco
a quien abone el precio requerido
de mi desvanecerme.

A fin de cuentas, eso
es la literatura.
                            Y poco más.

EL ÚLTIMO DE LOS ATURES

Alexander von Humboldt, tenaz explorador,
llegó a una aldea junto al Orinoco
donde adiestraban loros parlanchines.

Allí se percató de que una de las aves
hablaba en un idioma diferente,
y al preguntar entre los lugareños
le contaron que había pertenecido
a una tribu vecina: los atures.

La enfermedad, las guerras, el destino,
acabaron con ellos. Su legado
era un puñado de palabras sueltas
que el loro repetía sin cesar.

Humboldt las transcribió una por una
hasta reunir unas cuarenta y pico
y sin saber el qué significaban.
No quedan más vestigios del lenguaje
que usaban los atures para amarse,
prometer, perdonar, contradecirse,
que estos pocos sonidos,
palabras inconexas,
origen y destino de los hombres.

LA TERRIBLE BELLEZA

Cómo explicar a un dios
que él no podrá entender tanta belleza
escondida detrás
del tacto de la lluvia.

Cómo explicar a un ángel
cuánta luz te rodea los cabellos,
cuánta belleza muere en lo que callas.

Cómo explicarme yo
tantas cosas que existen
de ti misma en mi voz,
cómo soy en tu risa,
cómo lluevo en tus manos,
cómo iluminas todo lo que pienso,
cómo el mundo es camino
donde buscarte.

Mi palabra abre un hueco
entre tus labios y la claridad.

EUPATOR DYONISIUS

Mitrídates el Grande, llamado Eupator Dyonisius,
rey del Ponto,
probó uno a uno todos los venenos
hasta llegar a inmunizarse.

Así ninguno de sus enemigos
podría usurparle el trono,
beber su mismo vino, abrazar a su esposa,
reír a carcajadas en su tumba.

De este modo concibo la escritura: como un láudano,
acaso un beso prófugo del áspid,
la caricia fatal de belladona
antes de sucumbir al sueño eterno;

pues la escritura ha de inmunizarnos
del secreto terrible: la realidad no importa.
El veneno mortal es su silencio,
su falta de sentido, su extrañeza,
y contra ello solo nos socorren
las diminutas dosis del asombro.

LIBRO CUARTO

BIOGRAFÍAS DEL MAR

EL PUNTO NEMO

El lugar más lejano de toda tierra firme
es conocido como el punto Nemo.
A miles de kilómetros
de la más remota de las islas,
ni a los peces les gusta aventurarse
por este derrotero de miedo y soledad.

Dar nombre –el punto Nemo–
para nombrar la nada
¿no es acaso el designio del poema?

EL OLEAJE

En el mar, las batidas
sucesivas de olas
reclaman su existencia, forjan lo repetible
como astuto lenguaje de la vida.

No hay instante sin vuelta,
albada sin recambio,
rastro que no conspire por un doble.

Somos cuando volvemos.
Y aunque ignoremos todo
el ser es, simplemente, su retorno.

Desde la fantasía de lo único
hacemos pie en las cosas, damos nombre
a este modo concreto de ser pájaro,
de ser raíz o cáscara,
horizonte o derrota,

pero el mundo anhela espejearse,
repetirse en el tránsito,
echar a suertes qué quedará atrás,
qué tanto de ti mismo
morirá en tu reflejo indescifrable.

AUSENCIA

La falta que me dejas
es también contraseña,
es la esquina que asoma del barranco,
el último peldaño antes del hueco
en que precipitarme hacia la nada;

la falta que me dejas
es un pequeño monstruo
que se esconde debajo de mi cama,
una flor de lavanda
de pétalos oscuros
que cuido hasta tu vuelta.

Tu falta es solo mía.
Yo le pongo candados.
Riego sus flores púrpura.
La arropo, la alimento.
Tu falta es solo mía y en sus páginas
me veo reflejado.

LONGITUD DE ENLACE

La distancia que media entre los átomos
impide que se toquen,
que se imponga el contacto entre sus núcleos,
que se dé el piel con piel de la materia.

El átomo, así visto,
es la expresión científica
para la soledad.

¿Cómo afirmar, entonces,
que un cuerpo toca a otro,
que existe la caricia,
que inventamos la piel con nuestro amor
o que hayan ocurrido nuestros besos
si nos habita este alejamiento?

Todos
llevamos un dolor de moteles baratos,
una aflicción de playas en diciembre,
una distancia fría, inexpugnable,
tan dentro de nosotros.

EL VIEJO NADADOR

Un silencioso anciano
te adelanta nadando en la piscina.
No le reprochas nada –siempre fuiste
tan torpe bajo el agua como en tierra–
y al poco reconoces que es hermoso
sentirte derrotado.

           Nadas, y te imaginas
treinta años más viejo,
disfrazado en un cuerpo que no es tuyo,
y el chantaje del tiempo cobrándose por presa
tus rodillas y espalda;
marchar hacia el gimnasio, desnudarte,
ponerte el bañador dificultosamente
y empezar a nadar. La ingravidez
que llaman juventud, y que perdiste,
de repente te embarga
como si el tiempo fuera en retroceso.

Es preciso este himno a los viejos nadadores.
Alabar el milagro
de que sus desmañadas existencias
se desvistan de un cuerpo vulnerable
y encuentren en el agua las hazañas perdidas.

Nadas, ensimismado, hasta quedarte solo.
Todos se fueron. Buscas la escalera
y al subir los peldaños un temor sobreviene:

el miedo de salir de la piscina
y no saber qué cuerpo te esperará allá afuera,
qué vejez te pondrás como camisa.

LA BICICLETA

Recuerdo aquellos días de verano.
Éramos jóvenes, no sabíamos por qué.
A cada instante desaprovechábamos
con una disciplina inquebrantable
la miel de nuestros cuerpos.
Y si fuimos felices
lo fuimos por error.

Hoy me acuerdo de ti, de mí. Tan inocentes.
No volvería a verte nunca más.

Me duele lo inconcluso
aunque también nos sirva de consuelo
que coincidan recuerdos y promesas.
Me duelen los veranos –los de ahora–,
de los que no poder crear ficciones,
y me duele, también, aquella bicicleta
en que te vi marchar
con nuestra juventud.

DESNUDO

A veces me despojo
de mí mismo. Arranco, muy despacio
la piel, desde las uñas hasta el pecho,
despego cada tira, las guardo en los cajones,
me quito el poco pelo que me queda
y me saco los ojos,
los dientes, las orejas,
arrebaño los músculos y huesos,
me deshago del hígado y del páncreas,
de la sangre, el cerebro, los pulmones,
y así, despedazándome,
te dejo lo más mío en la mesilla:
un corazón que solo
late con el desgarro.

Es esto lo que soy:
no el corazón (eso es palabrería),
sino el acto de entrega
en el que me deshago para ti.

Paseo fluvial

El río retransmite
los reflejos de varios transeúntes
como en algunas pelis de fantasmas.

Dicen que todo el mundo tiene un doble,
pero el problema último es que el otro
siempre encuentra motivos
para quedarse allí de donde nos echaron,
vestir mejor que tú,
confesarle tu amor a aquella chica,
ganar más, reír intensamente,
y caerle mejor a tus amigos,

por eso al ver los dobles que navegan
el espectral reflejo de los ríos
pienso en qué vidas se han desperdiciado,
qué otra ciudad se hundió bajo sus aguas,
y qué otro yo ha existido
o dejó de existir al reflejarme.

Existir es terrible.
Algo se pierde con cada existencia.
Algo quedó en los márgenes.

Ojalá poder ser todos mis yoes.

RUIDO EN LA PLAYA

Es de noche. Verano.
De fuera llega el ruido de las calles,
pero también del mar.

                           Las olas encadenan
susurros cadenciosos
hasta que varios jóvenes asaltan
la arena con sus ruidos y sus risas.

Yo trato de dormir. No me molestan.
Por raro que parezca, agradezco el estrépito.
Su alboroto me hace compañía,
y en esta duermevela me imagino
como uno más saltando, riendo, escabulléndome
de la injuria del tiempo.

Oigo su juventud por mi ventana
y la incluyo en la trama de mis sueños.
Estoy allí. La vida es esta playa.
Esta playa estrellada
donde bailar, beber, reír, besarnos
—con un poco de suerte—,
donde existir con liviandad de cisne,
tocar la transparencia
de la verdad de un cuerpo
sin importarnos quién nos está oyendo
por la ventana de su habitación,
o si puede dormir, o si ha logrado hurtar
unas pocas migajas de alegría.

Duermo pronto, tranquilo.
Dulcemente embriagado
por mi melancolía.

EL LABERINTO

Dentro de cada uno
se extiende el laberinto.

Somos incomprensibles recovecos,
intrincados jardines, corredores sombríos,
pasajes sin salida de embarrados recuerdos,
deseos desleídos en la hiedra,
la emoción de aquel día
que se perdió en tus túneles…

No hay brújulas que sirvan,
ni mapas, GPS, indicación o atajo,
porque yo soy mi propia encrucijada.
Soy este laberinto impenetrable,
pero también el monstruo que lo guarda,

porque no hay quien se salve
de albergar en sus dédalos secretos
una terrible oscuridad sin nombre
a donde no se arriman ni los cuervos.

BIOGRAFÍAS DEL MAR

Estar aquí, ahora,
es una disciplina
que muy pocos consiguen dominar.

Aquí, junto a la costa,
en un mar calmo y al atardecer,
nado sin pretensiones
o me dejo llevar y me hago el muerto
extendiendo mi cuerpo por el filo
indolente y azul del oleaje.

Miro al cielo y el tiempo no transcurre.
Todas mis biografías debieran escribirse
tentando los instantes
en que floté en el mar sin pretensiones.

Una vida sin nada que la colme,
sin desgarros o dudas,
tan solo este vacío que llamamos asombro
y que palpita clamorosamente.

Todas mis biografías, los mapas indecisos,
abriéndose camino por instantes de calma
hasta llegar aquí, ahora,
hasta llegar a ser este poema.

TRILOGÍA DEL CUERPO

I

Primero llegó el mundo
y el olor a manzana de las cosas,
lo sencillo encarnado
en el perfil, el tacto inescrutable,
de objetos aún ajenos al deseo.

Todo eran islas y descubrimientos.
Hasta las aves no tenían nombre.

Nacer, nacimos, sin saberlo,
en un cuerpo remoto
que poco a poco hicimos
nuestra primera brújula,
el único horizonte
en tercera persona
del singular.

II

Después: la entrega, el otro.
Aprender con los ojos
a acariciar;
        mas ¿cómo confundirse
con aquello que sacia
y nos deja sedientos?

La piel se te acababa
en otra en que formar sublimes litorales,
entrechocar de océanos que forman uno solo,
pigmentos que reúnen
una imagen completa
de dos cuerpos mezclándose.

El dolor, la alegría,
no caben en el pecho.
Son poco más que la literatura
con que poblar el mundo a la medida
de un amor indomable
alzado sobre el signo.

III

Finalmente, la vida
encuentra su gramática,
un modo de decirse
y de desafiar a los silencios.
Acabas siendo el centro
como ese muñeco que aparece
en los mapas de centros comerciales
junto al cartel «usted se encuentra aquí».

Aunque ese «aquí» no ofrezca
garantía ninguna:
a veces me imagino que el poema
es también un «aquí»,
y que al sentir el mundo o escribirme

los mapas de tu cuerpo
completamos al fin esta gramática
del *ello*, el *tú* y el *yo*;
damos por concluido el diccionario
de nuestras experiencias y caricias,
conjugamos la vida
y de algún modo entiendo que he llegado
por muy tarde que sea,
por mucho que haya errado mi camino,

donde debía estar.

Junto contigo.

Libro quinto

Final

EL ÚLTIMO POEMA

Siempre que escribo pienso
en cuál será mi último poema.
O peor aún: qué versos
quedarán inconclusos,
qué estrofa desmembrada, que cojo endecasílabo
o cuarteto en tres líneas
marchará renqueando hasta la meta.

Y sobre todo pienso en qué será de mí,
en quién seré, qué extrañas circunstancias
me rodearán en el aciago día,
y no puedo dejar de imaginarme
totalmente perdido en el último poema
–uno no muy distinto a este que lees–,
confuso, abochornado,
desconcertado, atónito,

como un buzo en medio del desierto.

ÍNDICE